AF205238

Impressum
Verlag: BABADADA GmbH, Nedderfeld 112 , 22529 Hamburg
Geschäftsführer / Verlagsleitung: Harald Hof
Druck: Books on Demand GmbH, In de Tarpen 42, 22848 Norderstedt

Imprint
Publisher: BABADADA GmbH, Nedderfeld 112 , 22529 Hamburg, Germany
Managing Director / Publishing direction: Harald Hof
Print: Books on Demand GmbH, In de Tarpen 42, 22848 Norderstedt, Germany

škola

school

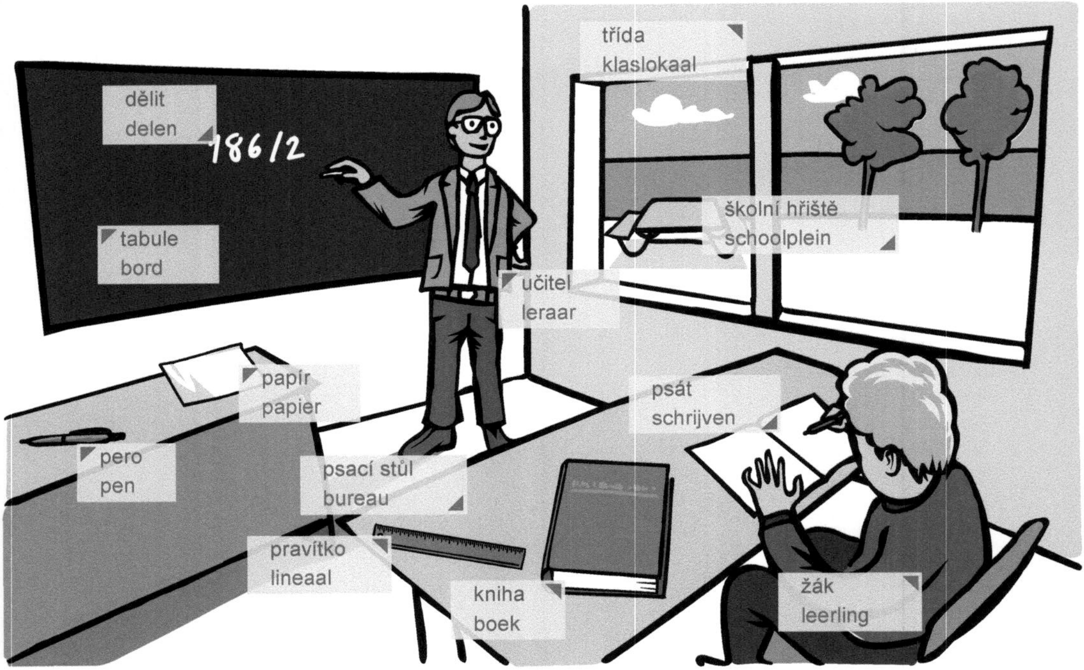

třída
klaslokaal
dělit
delen
186/2
tabule
bord
školní hřiště
schoolplein
učitel
leraar
papír
papier
psát
schrijven
pero
pen
psací stůl
bureau
pravítko
lineaal
kniha
boek
žák
leerling

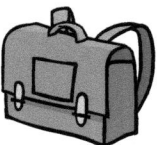

aktovka

schooltas

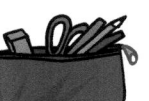

penál

etui

tužka

potlood

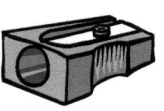

ořezávátko

puntenslijper

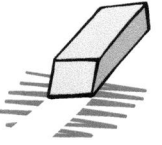

guma

gum

blok na kreslení

schetsblok

výkres

tekening

štětec

penseel

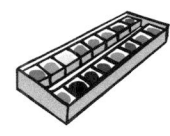

malířské potřeby

verfdoos

nůžky

schaar

lepidlo

lijm

cvičebnice

schrift

domácí úkol

huiswerk

počet

getal

sčítat

optellen

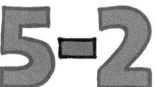

odčítat

aftrekken

násobit

vermenigvuldigen

počítat

rekenen

písmeno

letter

abeceda

alfabet

slovo

woord

text

tekst

číst

lezen

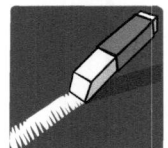

křída

krijt

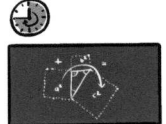

hodina

les

třídní kniha

klassenboek

zkouška

examen

vysvědčení

diploma

školní uniforma

schooluniform

vzdělání

opleiding

encyklopedie

encyclopedie

univerzita

universiteit

mikroskop

microscoop

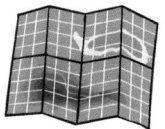

karta

kaart

odpadkový koš na papír

prullenmand

cesta
reis

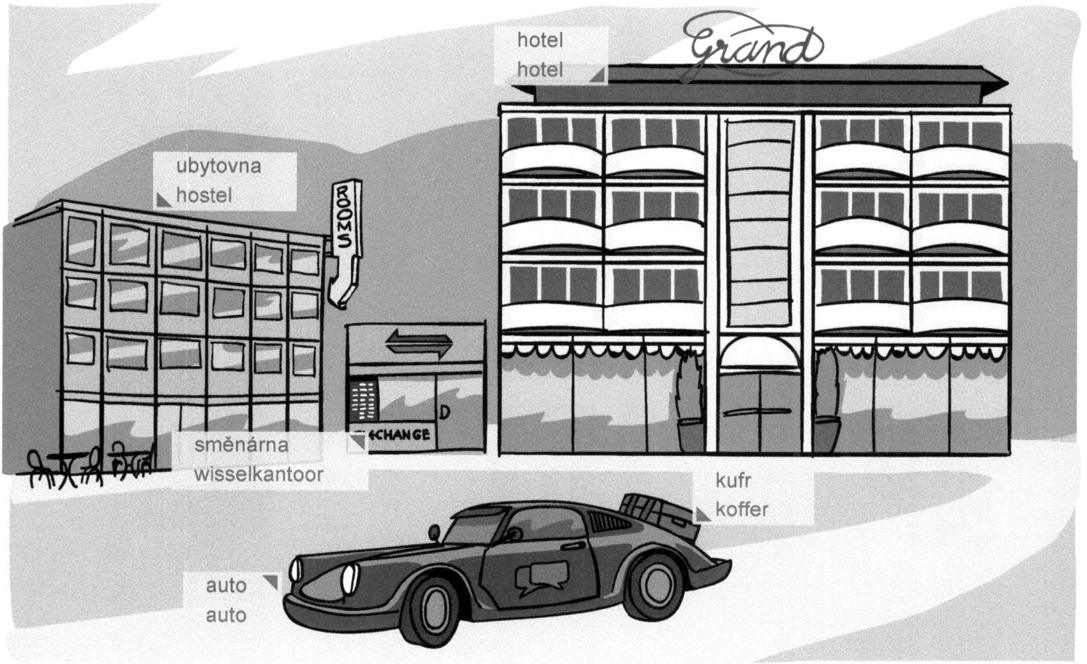
hotel
hotel
Grand
ubytovna
hostel
ROOMS
směnárna
wisselkantoor
EXCHANGE
kufr
koffer
auto
auto

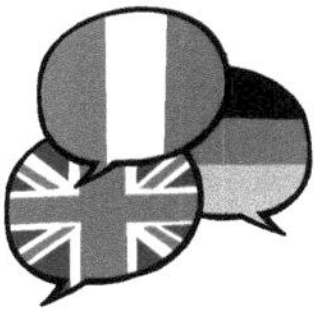

jazyk

taal

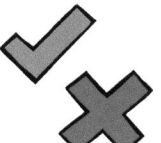

ano / ne

ja / nee

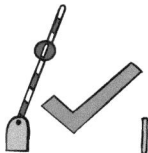

oukej

oké

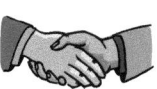

Ahoj!

Hallo!

překladatel

tolk

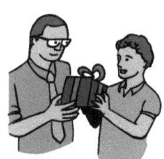

děkuji

Bedankt.

Kolik stojí...?

Wat kost ...?

nerozumím

Ik begrijp het niet.

problém

probleem

Dobrý večer!

Goedenavond!

Dobré ráno!

Goedemorgen!

Dobrou noc!

Goedenacht!

na shledanou

Tot ziens!

směr

richting

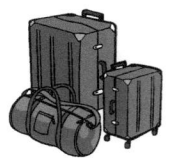

zavazadlo

bagage

taška

tas

batoh

rugzak

host

gast

pokoj

kamer

spací pytel

slaapzak

stan

tent

turistické informace
VVV-kantoor

pláž
strand

kreditní karta
creditkaart

snídaně
ontbijt

oběd
lunch

večeře
diner

jízdenka
kaartje

výtah
lift

poštovní známka
postzegel

hranice
grens

clo
douane

poselství
ambassade

vízum
visum

pas
paspoort

transport

transport

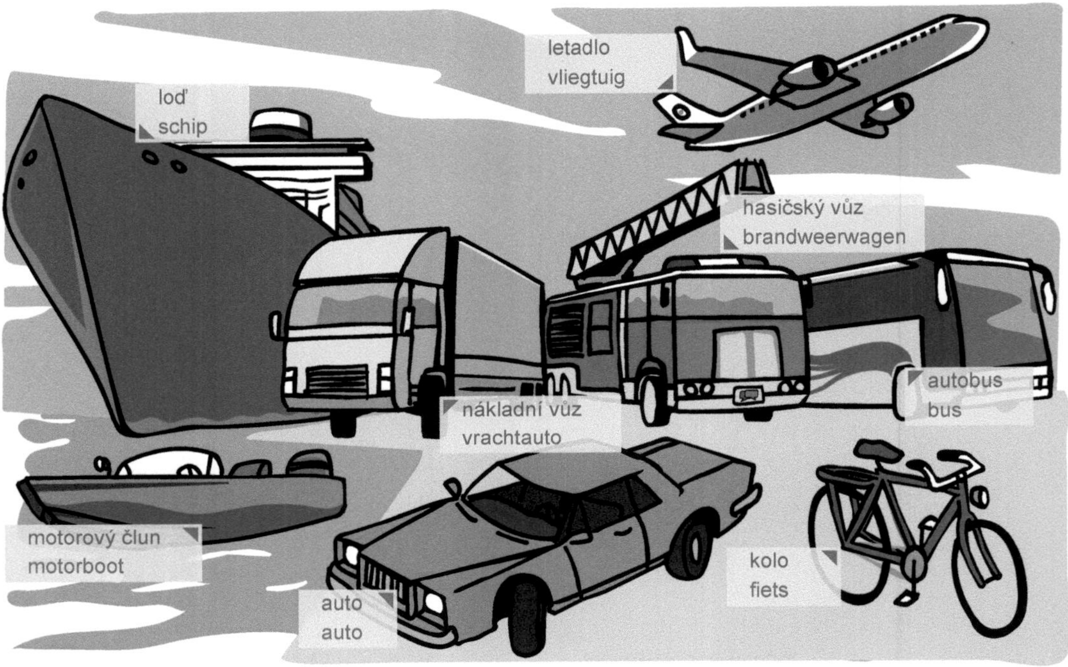
letadlo
vliegtuig
loď
schip
hasičský vůz
brandweerwagen
autobus
bus
nákladní vůz
vrachtauto
motorový člun
motorboot
kolo
fiets
auto
auto

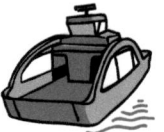

přívoz

veerboot

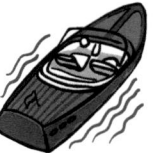

člun

boot

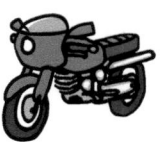

motorka

motorfiets

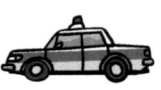

policejní auto

politiewagen

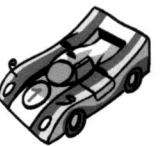

závodní auto

raceauto

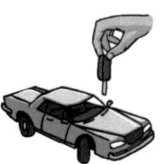

pronajaté auto

huurauto

sdílení aut

carsharing

odtahová služba

takelwagen

popelářský vůz

vuilniswagen

motor

motor

palivo

benzine

čerpací stanice

benzinepomp

dopravní značka

verkeersbord

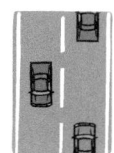

doprava

verkeer

dopravní zácpa

file

parkoviště

parkeerplaats

vlakové nádraží

station

koleje

rails

vlak

trein

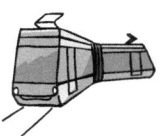

tramvaj

tram

vagón

wagon

helikoptéra
helikopter

letiště
luchthaven

věž
toren

pasažér
passagier

kontejner
container

kartón
verhuisdoos

trakař
kar

koš
mand

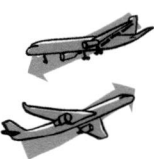

vzlétnout / přistát
opstijgen / landen

město
stad

vesnice
dorp

střed města
stadscentrum

dům
huis

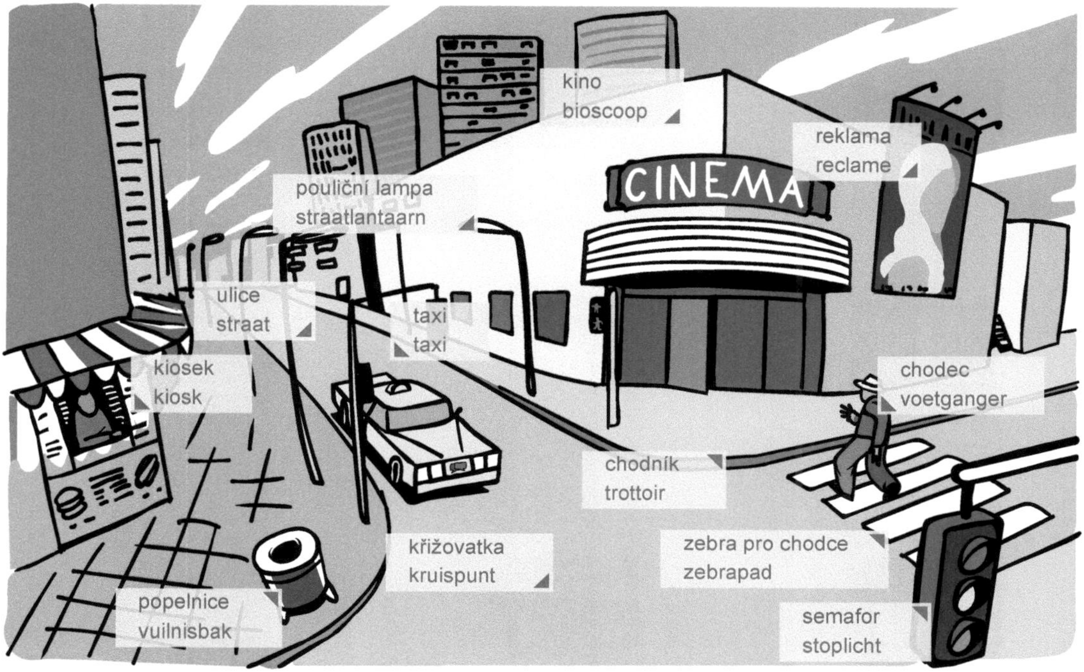

kino
bioscoop

reklama
reclame

pouliční lampa
straatlantaarn

CINEMA

ulice
straat

taxi
taxi

kiosek
kiosk

chodec
voetganger

chodník
trottoir

křižovatka
kruispunt

zebra pro chodce
zebrapad

popelnice
vuilnisbak

semafor
stoplicht

chata

hut

byt

appartement

vlakové nádraží

station

radnice

stadhuis

muzeum

museum

škola

school

univerzita

universiteit

banka

bank

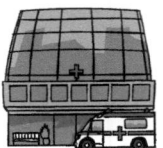

nemocnice

ziekenhuis

hotel

hotel

lékárna

apotheek

kancelář

kantoor

knihkupectví

boekenwinkel

obchod

winkel

květinářství

bloemenwinkel

supermarket

supermarkt

tržnice

markt

obchodní dům

warenhuis

rybárna

visboer

nákupní centrum

winkelcentrum

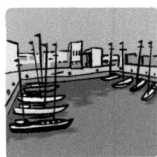

přístav

haven

park

park

lavička

bank

most

brug

schody

trap

metro

metro

tunel

tunnel

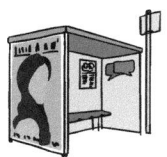

autobusová zastávka

bushalte

bar

bar

restaurace

restaurant

poštovní schránka

brievenbus

pouliční tabule

straatnaambord

parkovací hodiny

parkeermeter

zoo

dierentuin

plovárna

zwembad

mešita

moskee

usedlost
....
boerderij

znečišťování životního
prostředí
....
vervuiling

hřbitov
....
begraafplaats

církev
....
kerk

hřiště
....
speelplaats

chrám
....
tempel

krajina
landschap

list
blad

rozcestník
wegwijzer

cesta
weg

louka
weide

kámen
steen

strom
boom

turista
wandelaar

řeka
rivier

tráva
gras

květina
bloem

údolí

vallei

hora

berg

jezero

meer

les

bos

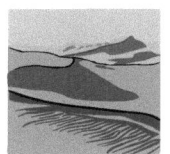

poušť

woestijn

sopka

vulkaan

zámek

kasteel

duha

regenboog

houba

paddenstoel

palma

palmboom

komár

mug

moucha

vlieg

mravenec

mier

včela

bij

pavouk

spin

brouk

kever

žába

kikker

veverka

eekhoorn

ježek

egel

zajíc

haas

sova

uil

pták

vogel

labuť

zwaan

divoké prase

wild zwijn

jelen

hert

los

eland

přehrada

stuwdam

větrné kolo

windmolen

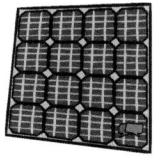

solární panel

zonnepaneel

podnebí

klimaat

restaurace
restaurant

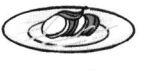

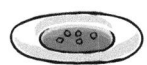

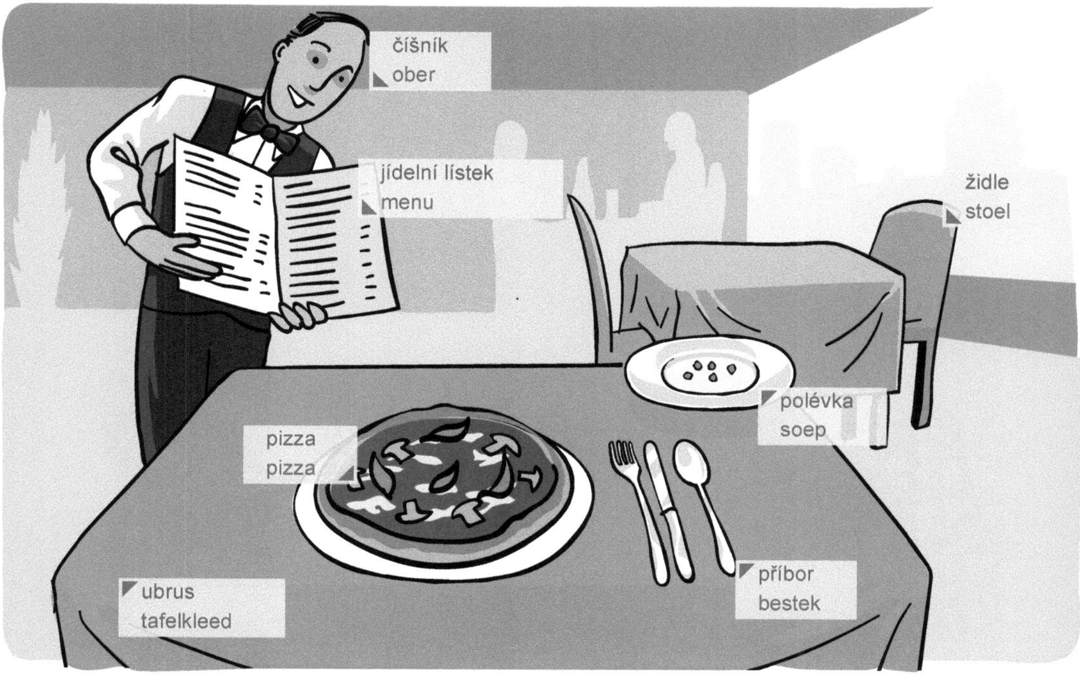
číšník
ober
jídelní lístek
menu
židle
stoel
polévka
soep
pizza
pizza
příbor
bestek
ubrus
tafelkleed

předkrm

voorgerecht

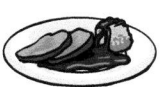

hlavní chod

hoofdgerecht

dezert

toetje

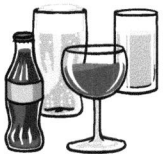

nápoje

dranken

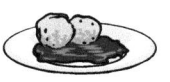

jídlo

eten

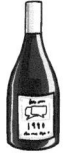

láhev

fles

rychlé občerstvení

fastfood

pouliční občerstvení

eetkraampje

čajová konvice

theepot

cukřenka

suikerpot

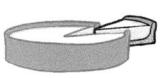

porce

portie

kávovar na espresso

espressomachine

dětská stolička

kinderstoel

faktura

rekening

tác

dienblad

nůž

mes

vidlička

vork

lžíce

lepel

čajová lyžička

theelepel

ubrousek

servet

sklenička

glas

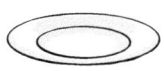

talíř

bord

talíř na polévku

soepbord

podšálek

schotel

omáčka

saus

slánka

zoutvaatje

mlýnek na pepř

pepermolen

ocet

azijn

olej

olie

koření

kruiden

kečup

ketchup

hořčice

mosterd

majonéza

mayonaise

supermarket
supermarkt

nabídka
aanbieding
FOR
zákazník
klant
mléčné výrobky
zuivelproducten
ovoce
fruit
nákupní vozík
winkelwagen

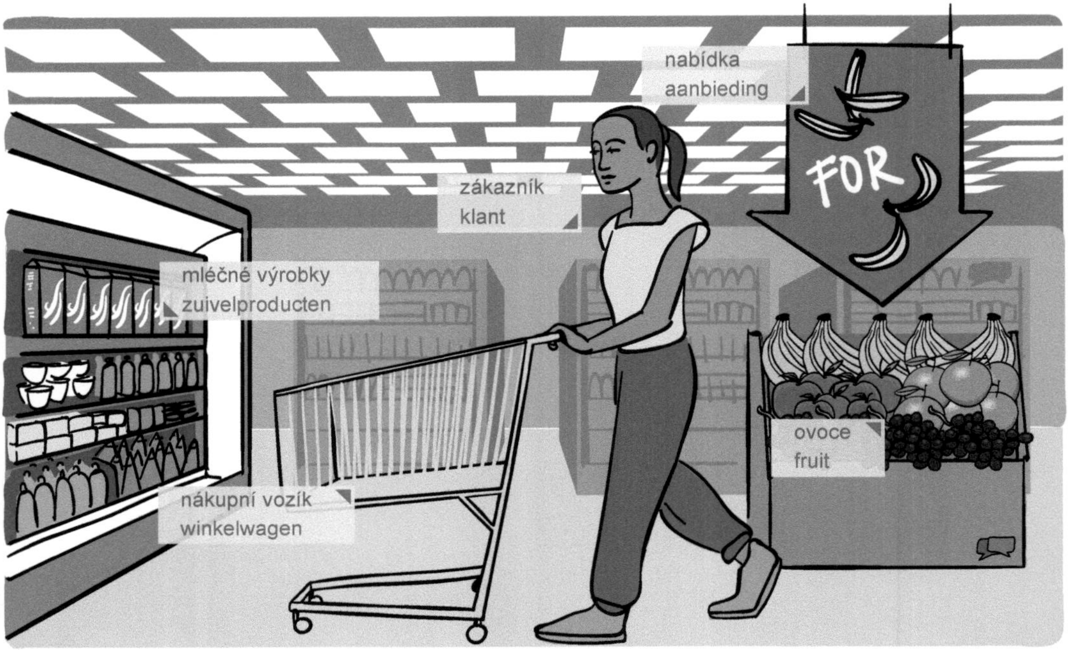

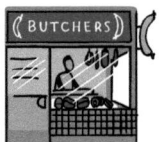

BUTCHERS

masna
slager

BAKERY

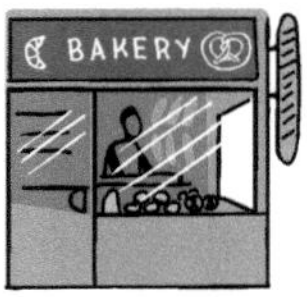

pekařství
bakkerij

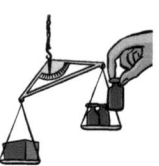

vážit
wegen

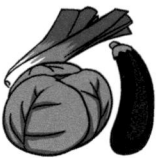

zelenina
groente

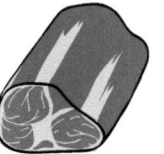

maso
vlees

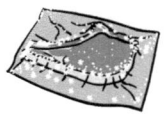

mražené potraviny
diepvriesproducten

obložený talíř

vleeswaren

konzervy

conserven

prací prášek

wasmiddel

cukrovinky

snoepgoed

výrobky pro domácnost

huishoudelijke artikelen

čisticí prostředek

schoonmaakmiddel

prodavačka

verkoopster

pokladna

kassa

pokladní

kassier

nákupní seznam

boodschappenlijstje

otevírací doba

openingstijden

peněženka

portefeuille

kreditní karta

creditkaart

taška

tas

igelitová taška

plastic zak

voda

water

džus

sap

mléko

melk

kola

cola

víno

wijn

pivo

bier

alkohol

alcohol

kakao

chocolademelk

čaj

thee

káva

koffie

espresso

espresso

kapučíno

cappuccino

banán

banaan

jablko

appel

pomeranč

sinaasappel

meloun

watermeloen

citrón

citroen

mrkev

wortel

česnek

knoflook

bambus

bamboe

cibule

ui

houba

paddenstoel

ořechy

noten

těstoviny

pasta

špageti

spaghetti

rýže

rijst

salát

salade

hranolky

friet

americké brambory

gebakken aardappelen

pizza

pizza

hamburger

hamburger

sendvič

sandwich

řízek

schnitzel

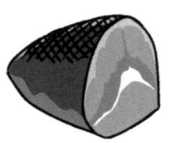

šunka

ham

salám

salami

salám

worst

kuře

kip

pečeně

gebraad

ryby

vis

ovesné vločky

havermout

mouka

meel

müsli

muesli

croissant

croissant

vločky

cornflakes

houska

broodjes

chléb

brood

toast

toast

sušenky

koekjes

máslo

boter

tvaroh

kwark

buchta

taart

vejce

ei

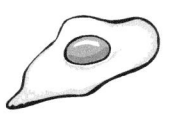

volské oko

gebakken ei

sýr

kaas

zmrzlina

ijs

cukr

suiker

med

honing

marmeláda

jam

nugátový krém

chocoladepasta

kari

kerrie

usedlost
boerderij

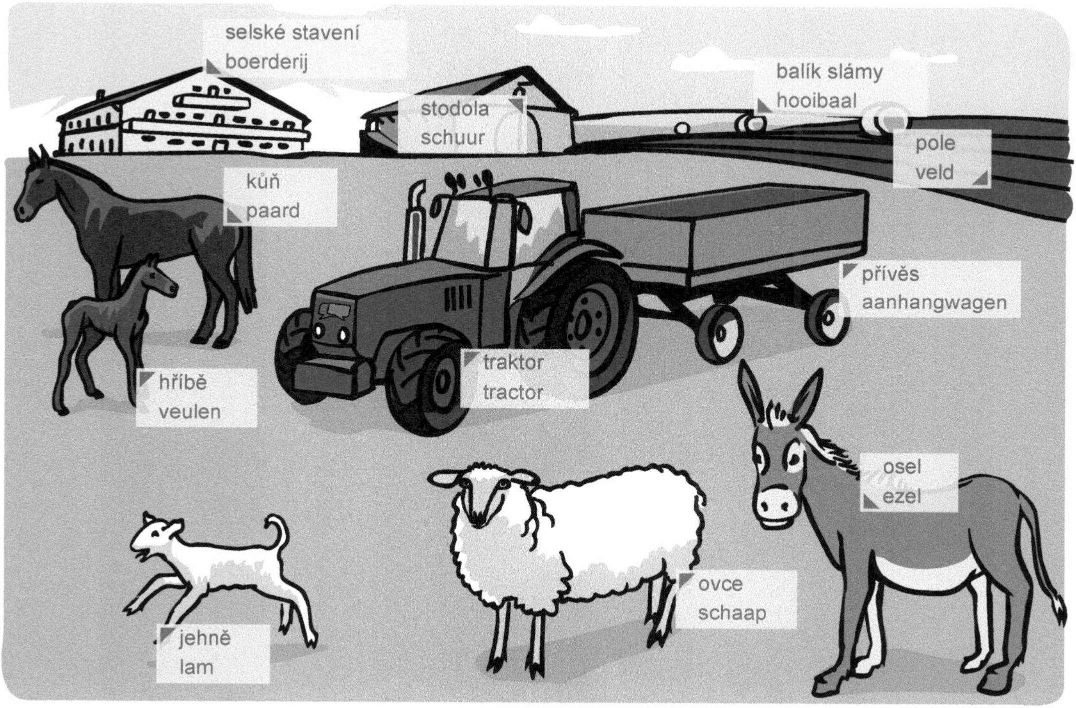

selské stavení
boerderij
stodola
schuur
balík slámy
hooibaal
pole
veld
kůň
paard
přívěs
aanhangwagen
traktor
tractor
hříbě
veulen
osel
ezel
ovce
schaap
jehně
lam

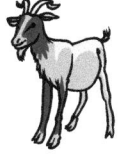

koza

geit

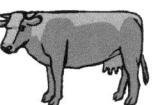

kráva

koe

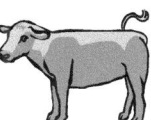

tele

kalf

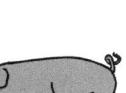

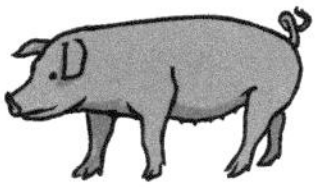

prase

varken

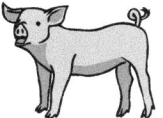

sele

big

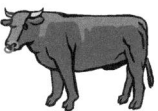

býk

stier

husa
gans

kachna
eend

kuře
kuiken

slepice
kip

kohout
haan

krysa
rat

kočka
kat

myš
muis

vůl
os

pes
hond

psí bouda
hondenhok

zahradní hadice
tuinslang

kropicí konev
gieter

kosa
zeis

pluh
ploeg

usedlost - boerderij

srp

sikkel

motyka

schoffel

vidle

hooivork

sekera

bijl

kolecko

kruiwagen

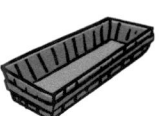

koryto

trog

konev na mléko

melkbus

pytel

zak

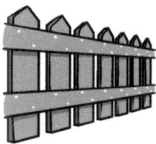

plot

hek

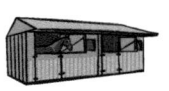

stáj

stal

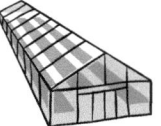

skleník

broeikas

půda

grond

osivo

zaad

hnojivo

mest

kombajn

maaidorser

sklidit

oogsten

sklizeň

oogst

smldinec

yam

pšenice

tarwe

sója

soja

brambora

aardappel

kukuřice

maïs

řepka

koolzaad

ovocný strom

fruitboom

maniok

maniok

obilí

granen

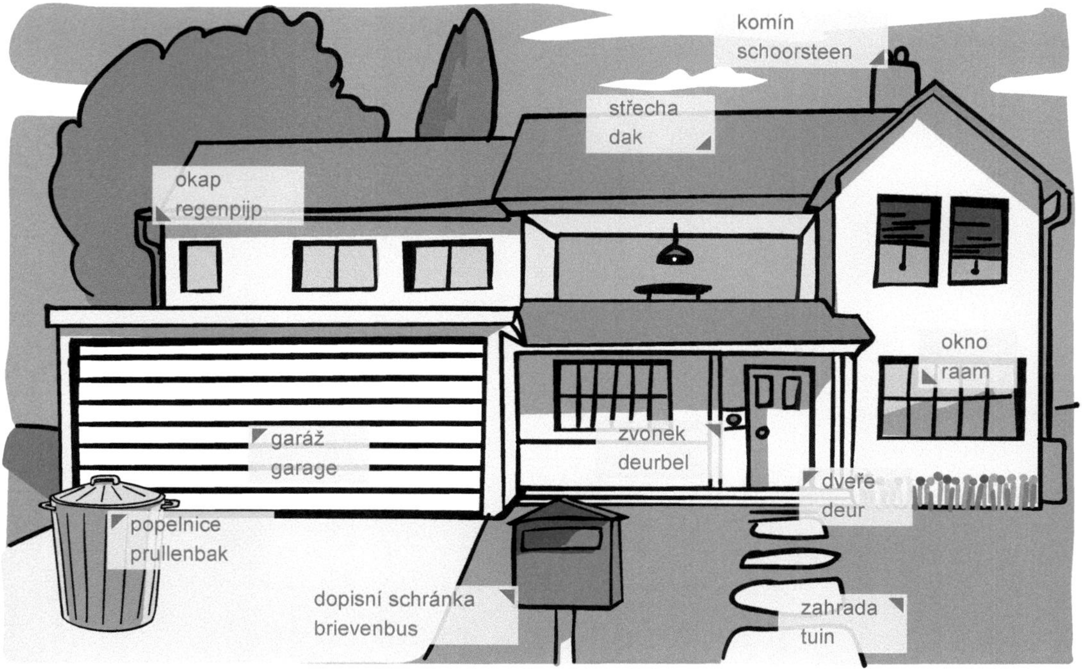

komín
schoorsteen

střecha
dak

okap
regenpijp

okno
raam

garáž
garage

zvonek
deurbel

dveře
deur

popelnice
prullenbak

dopisní schránka
brievenbus

zahrada
tuin

obývací pokoj
woonkamer

koupelna
badkamer

kuchyně
keuken

ložnice
slaapkamer

dětský pokoj
kinderkamer

jídelna
eetkamer

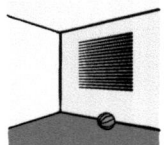

podlaha

vloer

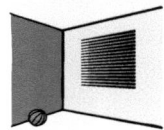

zeď

muur

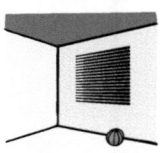

deka

plafond

sklep

kelder

sauna

sauna

balkón

balkon

terasa

terras

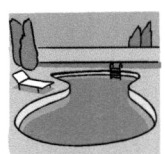

bazén

zwembad

sekačka na trávu

grasmaaier

ložní prádlo

laken

lůžková přikrývka

bedsprei

postel

bed

smeták

bezem

kýbl

emmer

vypínač

schakelaar

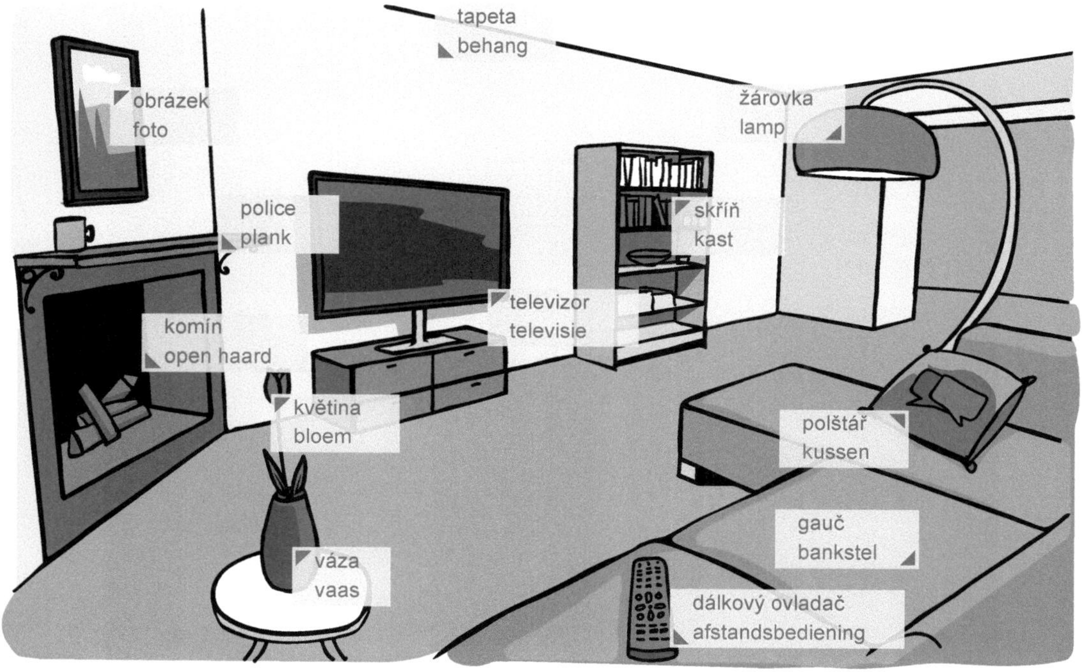

tapeta
behang

obrázek
foto

žárovka
lamp

police
plank

skříň
kast

komín
open haard

televizor
televisie

květina
bloem

polštář
kussen

gauč
bankstel

váza
vaas

dálkový ovladač
afstandsbediening

koberec
tapijt

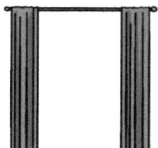

závěs
gordijn

stůl
tafel

židle
stoel

houpací křeslo
schommelstoel

křeslo
stoel

kniha

boek

strop

deken

ozdoba

decoratie

palivové dříví

brandhout

film

film

stereo souprava

stereo-installatie

klíč

sleutel

noviny

krant

malba

schilderij

plakát

poster

rádio

radio

poznámkový blok

kladblok

vysavač

stofzuiger

kaktus

cactus

svíce

kaars

kuchyně
keuken

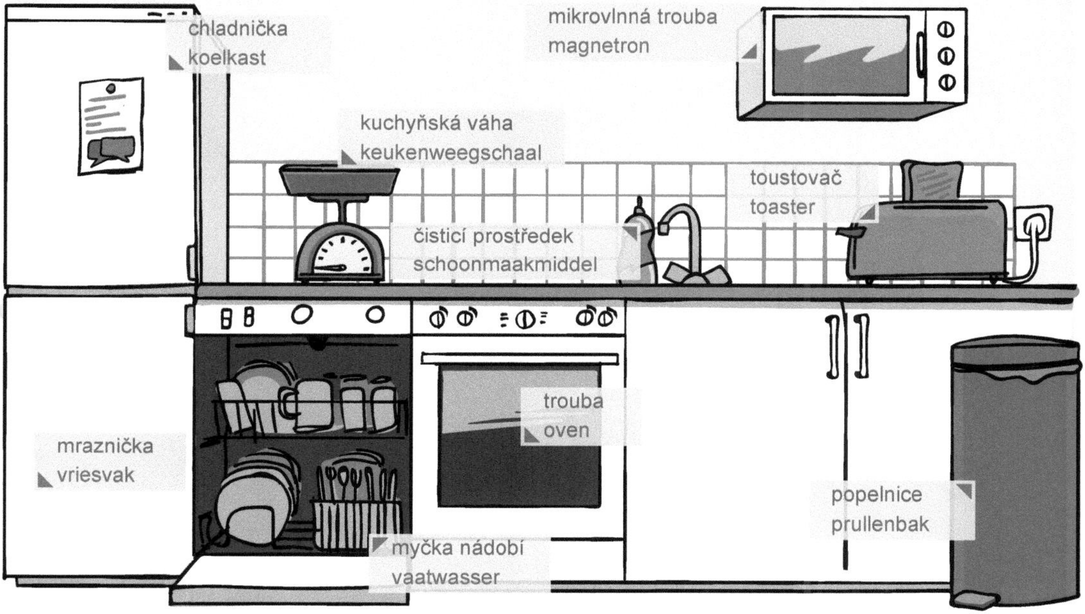
chladnička
koelkast
mikrovlnná trouba
magnetron
kuchyňská váha
keukenweegschaal
toustovač
toaster
čisticí prostředek
schoonmaakmiddel
trouba
oven
mraznička
vriesvak
popelnice
prullenbak
myčka nádobí
vaatwasser

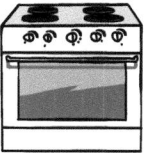

sporák
fornuis

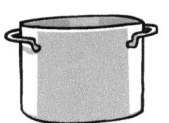

hrnec
pan

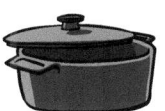

litinový hrnec
gietijzeren pan

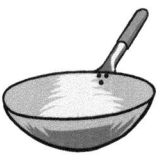

wok / kadai
wok / kadai

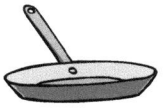

pánev
koekenpan

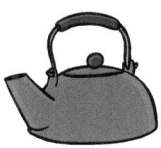

varná konvice
ketel

parní hrnec

stoomkoker

plech na pečení

bakplaat

nádobí

servies

hrnek

beker

miska

kom

jídelní hůlky

eetstokjes

naběračka

soeplepel

obracečka

spatel

metla

garde

síto

vergiet

cedník

zeef

struhadlo

rasp

hmoždíř

vijzel

gril

barbecue

ohniště

vuurhaard

prkénko na krájení

snijplank

váleček na těsto

deegroller

vývrtka

kurkentrekker

dóza

blik

otvírák na konzervy

blikopener

chňapka

pannenlap

umyvadlo

wasbak

kartáč na nádobí

borstel

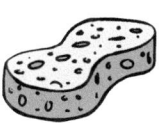

houba

spons

mixér

blender

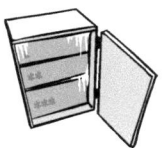

mrazák

vriezer

dětská lahev

babyflesje

kohoutek

kraan

koupelna
badkamer

topení
verwarming
ručník
handdoek
sprcha
douche
sprchový závěs
douchegordijn
pěnová koupel
bubbelbad
vana
bad
sklenička
glas
pračka
wasmachine
kohoutek
kraan
obkladačky
tegels
nočník
potje
umyvadlo
wasbak

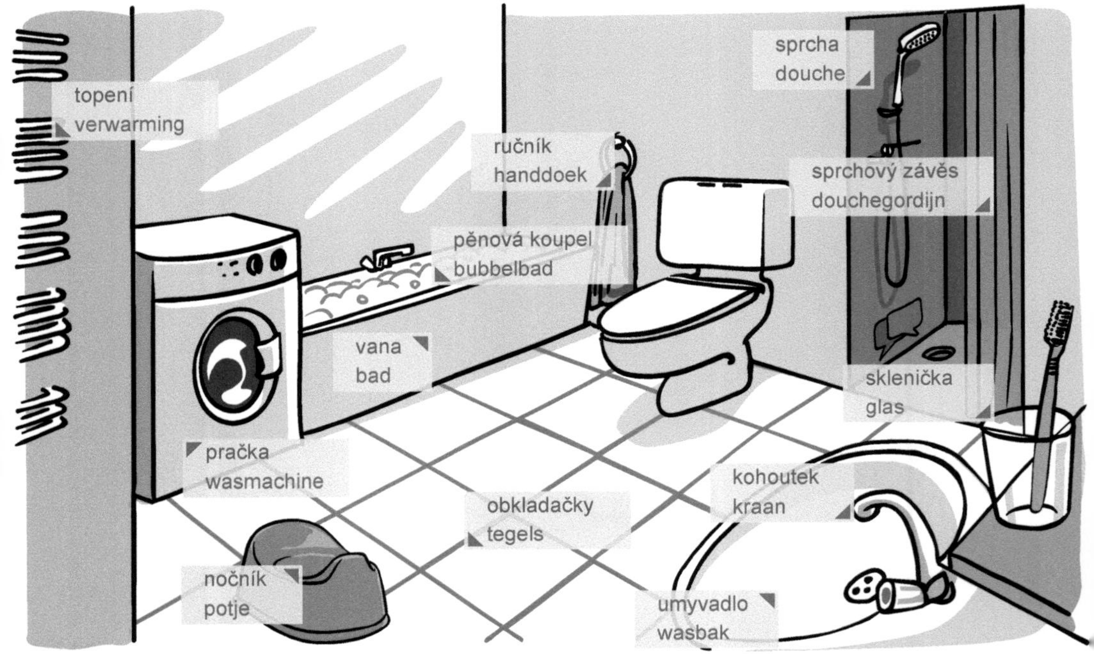

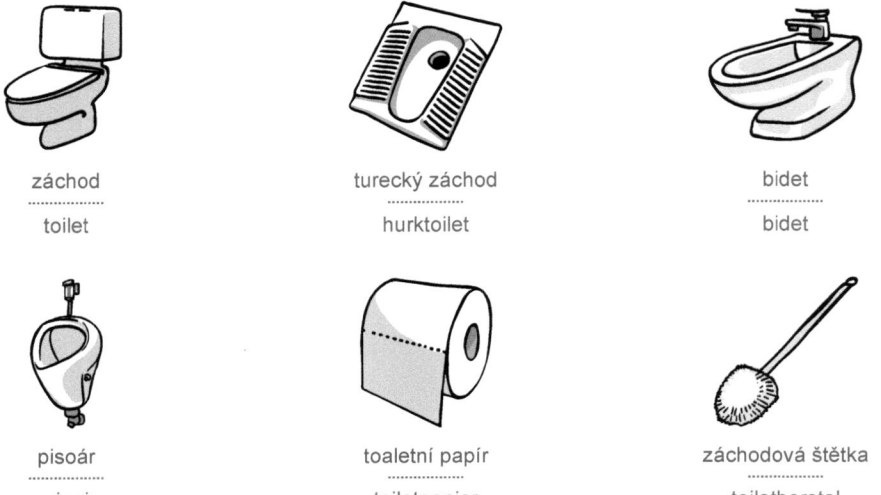

záchod

toilet

turecký záchod

hurktoilet

bidet

bidet

pisoár

urinoir

toaletní papír

toiletpapier

záchodová štětka

toiletborstel

zubní kartáček

tandenborstel

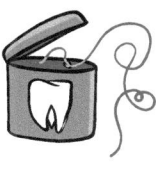

zubní pasta

tandpasta

zubní niť

flosdraad

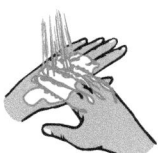

mýt

wassen

ruční sprcha

handdouche

intimní sprcha

toiletdouche

umyvadlo

waskom

kartáč na záda

rugborstel

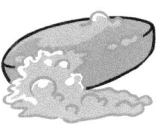

mýdlo

zeep

sprchový gel

douchegel

šampón

shampoo

žínka

washanje

odpad

afvoer

krém

creme

deodorant

deodorant

zrcadlo

spiegel

kosmetické zrcátko

make-upspiegel

holicí strojek

scheermes

pěna na holení

scheerschuim

voda po holení

aftershave

hřeben

kam

kartáč

borstel

fén

haardroger

lak na vlasy

haarspray

makeup

make-up

rtěnka

lippenstift

lak na nehty

nagellak

vata

watten

nůžky na nehty

nagelschaartje

parfém

parfum

taška s toaletními potřebami
....
toilettas

stolička
....
kruk

váha
....
weegschaal

župan
....
badjas

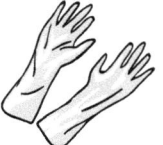

gumové rukavice
....
rubber handschoenen

tampón
....
tampon

dámská vložka
....
maandverband

chemická toaleta
....
chemisch toilet

dětský pokoj
kinderkamer

budík
wekker
plyšová hračka
knuffeldier
autíčko
speelgoedauto
chrastítko
rammelaar
domeček pro panenky
poppenhuis
dárek
cadeau

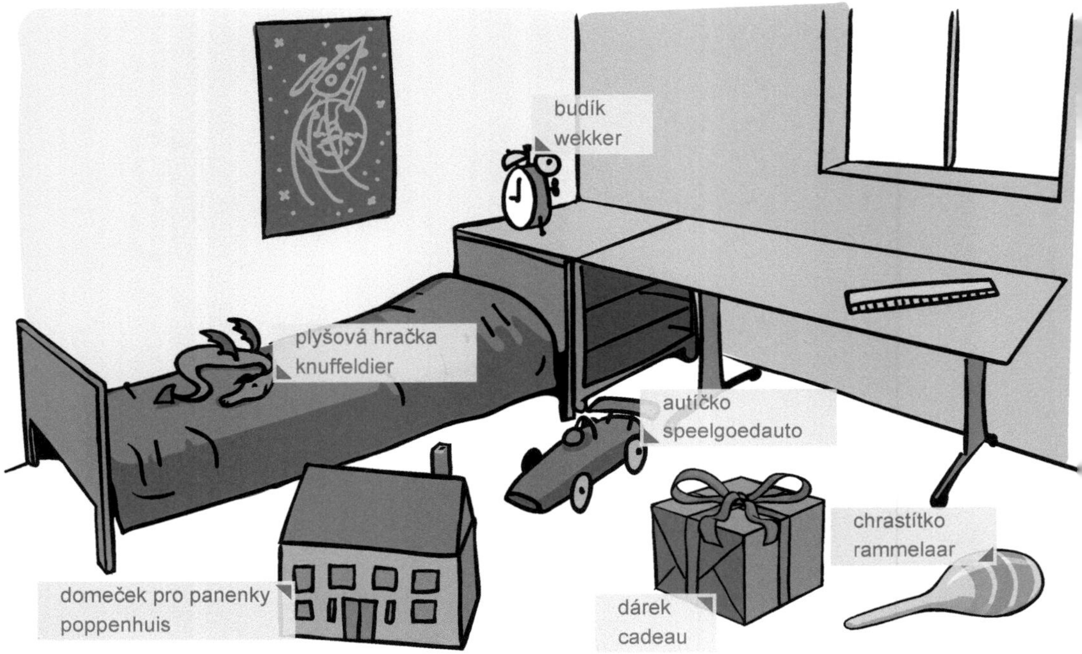

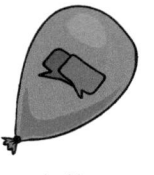

balón

ballon

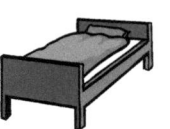

postel

bed

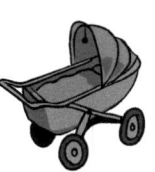

kočárek

kinderwagen

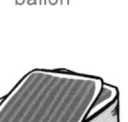

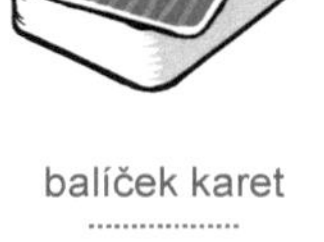

balíček karet

kaartspel

puzzle

puzzel

SUPER
MEGA

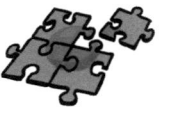

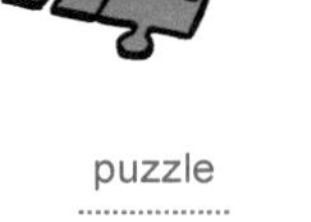

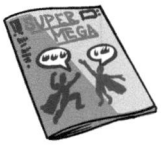

komiks

stripverhaal

lego kostky

legostenen

stavebnice

speelgoedblokken

akční figurka

actiefiguurtje

dupačky

romper

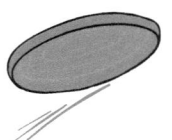

frisbee

frisbee

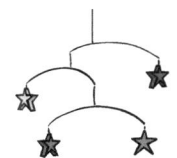

závěsné hračky nad postýlku

mobile

desková hra

bordspel

kostky

dobbelsteen

modelová železnice

modeltrein

dudlík

speen

oslava

feestje

obrázková kniha

prentenboek

míč

bal

panenka

pop

hrát si

spelen

pískoviště

zandbak

houpačka

schommel

hračky

speelgoed

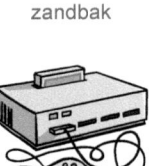

hrací konzole

spelcomputer

tříkolka

driewieler

medvídek

teddybeer

šatník

kleerkast

oblečení
kleding

ponožky

sokken

punčochy

kousen

punčochové kalhoty

panty

šála
sjaal

deštník
paraplu

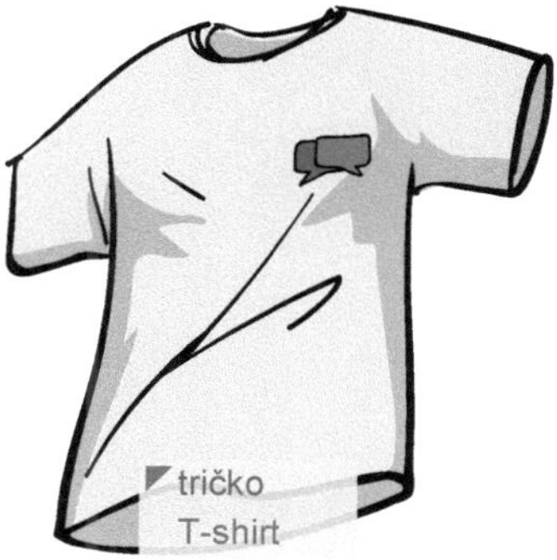

tričko
T-shirt

pásek
riem

kozačky
laarzen

domácí obuv
pantoffels

tenisky
sportschoenen

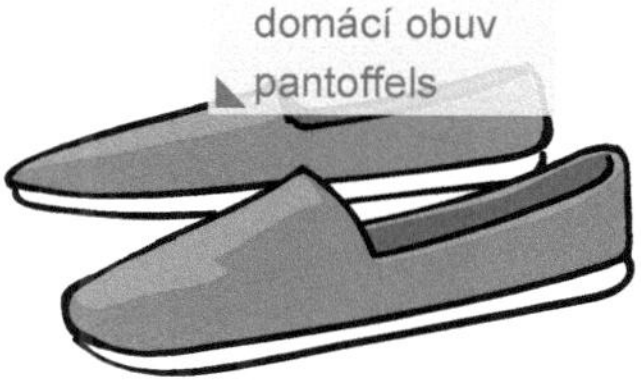

sandály
sandalen

obuv
schoenen

holínky
rubberlaarzen

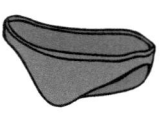

spodní prádlo
onderbroek

podprsenka
beha

nátělník
onderhemd

oblečení - kleding

body
body

kalhoty
broek

džíny
spijkerbroek

sukně
rok

blůza
blouse

košile
overhemd

svetr
trui

mikina
hoody

blejzr
blazer

bunda
jas

kabát
mantel

pláštěnka
regenjas

kostým
kostuum

šaty
jurk

svatební šaty
trouwjurk

oblek

pak

noční košile

nachthemd

pyžamo

pyjama

sárí

sari

šátek na hlavu

hoofddoek

turban

tulband

burka

boerka

kaftan

kaftan

abája

abaja

plavky

zwempak

pánské plavky

zwembroek

kraťasy

korte broek

teplákový souprava

trainingspak

zástěra

schort

rukavice

handschoenen

knoflík

knoop

brýle

bril

náramek

armband

náhrdelník

ketting

prsten

ring

náušnice

oorbel

čepice

pet

ramínko

kledinghanger

klobouk

hoed

kravata

stropdas

zip

rits

helma

helm

kšandy

bretels

školní uniforma

schooluniform

uniforma

uniform

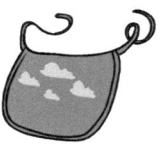

bryndák

slabbetje

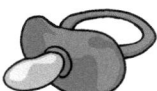

dudlík

speen

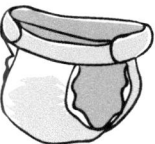

plena

luier

kancelář
kantoor

server
server
kartotéka
archiefkast
tiskárna
printer
papír
papier
monitor
beeldscherm
myš
muis
psací stůl
bureau
šanon
map
klávesnice
toetsenbord
odpadkový koš na papír
prullenmand
počítač
computer
židle
stoel

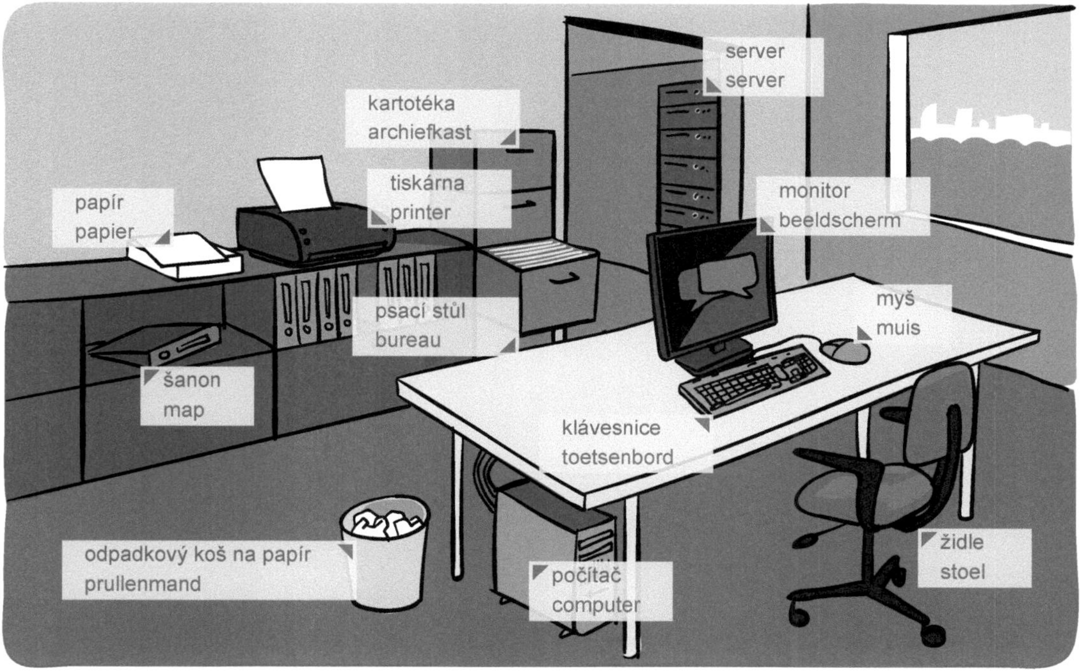

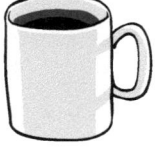

hrnek na kávu

koffiemok

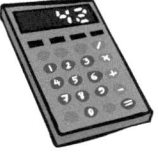

kalkulačka

rekenmachine

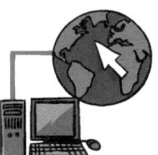

internet

internet

notebook

laptop

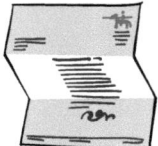

dopis

brief

zpráva

bericht

mobil

mobiele telefoon

síť

netwerk

kopírka

kopieermachine

software

software

telefon

telefoon

zásuvka

stopcontact

fax

fax

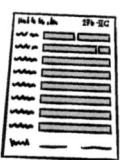

formulář

formulier

dokument

document

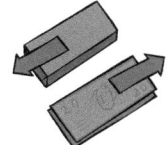

nakupovat

kopen

zaplatit

betalen

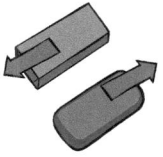

jednat

handel drijven

peníze

geld

dolar

dollar

euro

euro

jen

yen

rubl

roebel

frank

Zwitserse frank

juan

renminbi yuan

rupie

roepie

bankomat

geldautomaat

směnárna

wisselkantoor

zlato

goud

stříbro

zilver

olej

olie

energie

energie

cena

prijs

smlouva

contract

daň

belasting

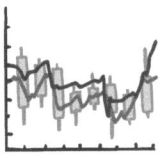

akcie

aandeel

pracovat

werken

zaměstnanec

werknemer

zaměstnavatel

werkgever

továrna

fabriek

obchod

winkel

hospodářství - economie

policista
politieagent

hasič
brandweerman

kuchař
kok

lékař
dokter

pilot
piloot

zahradník

tuinman

truhlář

timmerman

švadlena

naaister

soudce

rechter

chemik

scheikundige

herec

toneelspeler

řidič autobusu

buschauffeur

řidič taxi

taxichauffeur

rybář

visser

uklízečka

schoonmaakster

pokrývač

dakdekker

číšník

ober

myslivec

jager

malíř

schilder

pekař

bakker

elektrikář

elektricien

stavební dělník

bouwvakker

inženýr

ingenieur

řezník

slager

klempíř

loodgieter

listonoš

postbode

voják
soldaat

architekt
architect

pokladní
kassier

florista
bloemist

kadeřník
kapper

průvodčí
conducteur

mechanik
monteur

kapitán
kapitein

zubař
tandarts

vědec
wetenschapper

rabín
rabbi

imám
imam

mnich
monnik

duchovní
pastoor

nářadí

gereedschap

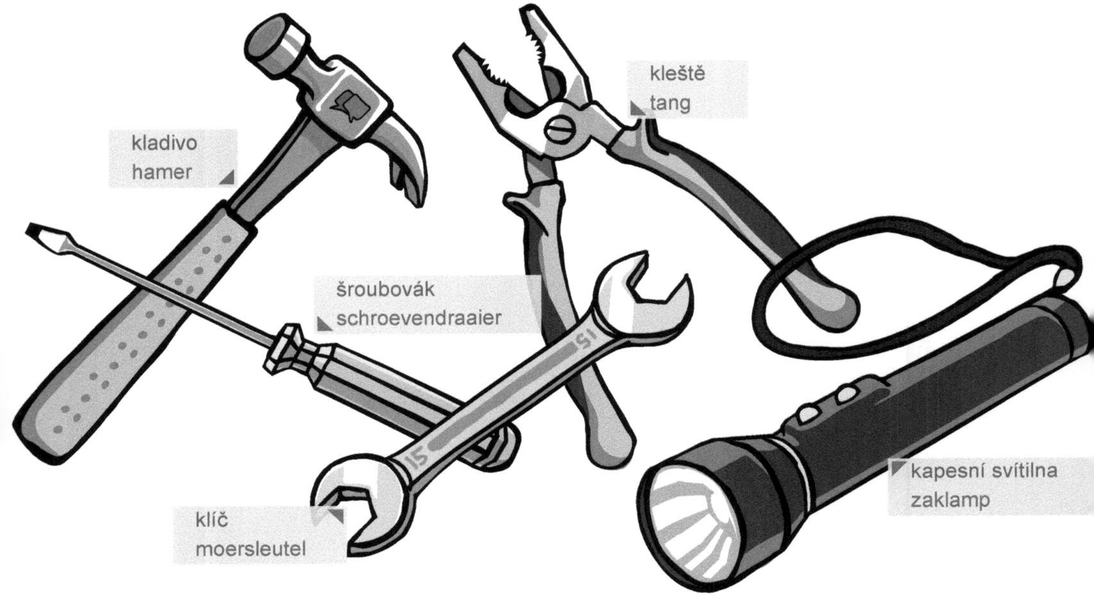
kladivo
hamer
kleště
tang
šroubovák
schroevendraaier
klíč
moersleutel
kapesní svítilna
zaklamp

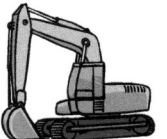

bagr

graafmachine

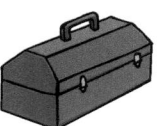

skříň na nářadí

gereedschapskist

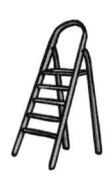

žebřík

ladder

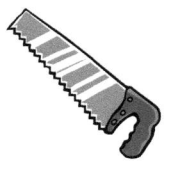

pila

zaag

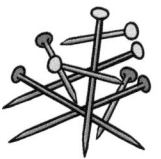

hřebíky

spijkers

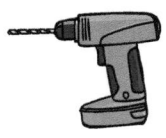

vrtačka

boor

opravit

repareren

lopata

schep

Kurva!

Verdorie!

lopatka

stofblik

vědroé na barvu

verfpot

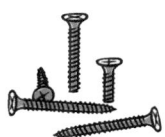

šrouby

schroeven

hudební nástroje

muziekinstrumenten

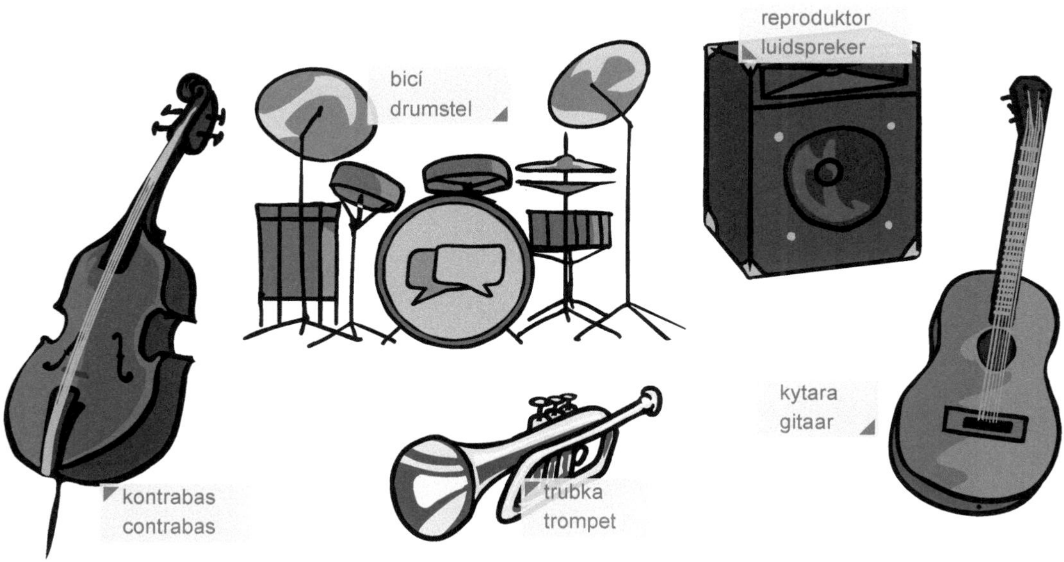

reproduktor
luidspreker

bicí
drumstel

kontrabas
contrabas

trubka
trompet

kytara
gitaar

klavír
piano

housle
viool

basa
bas

tympán
pauk

bubny
trommel

keyboard
keyboard

saxofon
saxofoon

flétna
fluit

mikrofon
microfoon

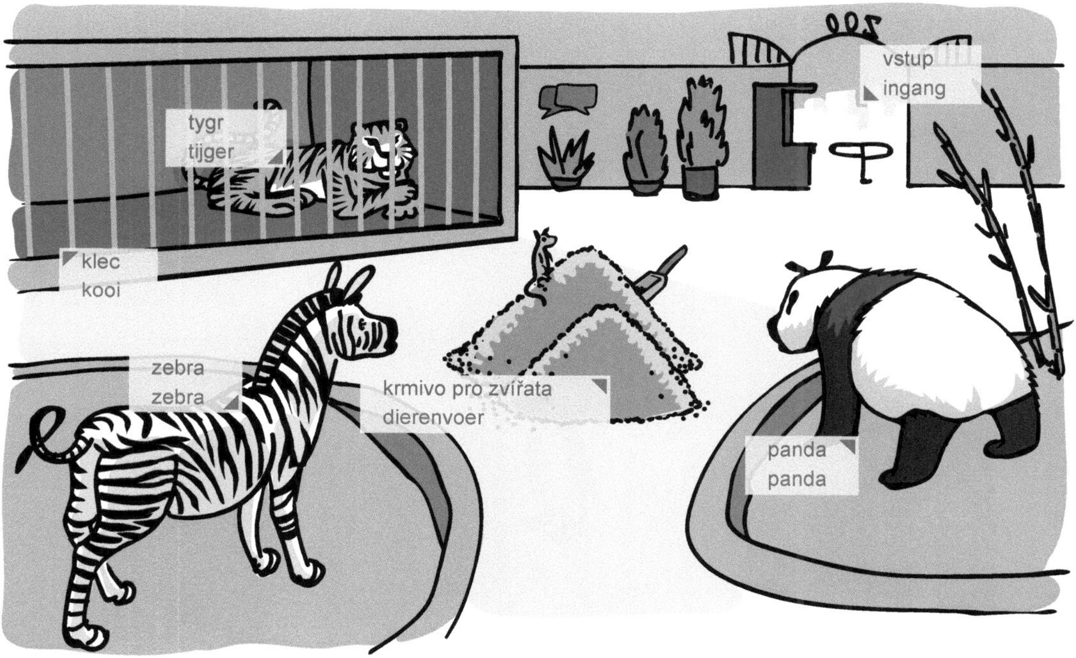

vstup
ingang

tygr
tijger

klec
kooi

zebra
zebra

krmivo pro zvířata
dierenvoer

panda
panda

zvířata

dieren

slon

olifant

klokan

kangoeroe

nosorožec

neushoorn

gorila

gorilla

medvěd

beer

velbloud

kameel

pštros

struisvogel

lev

leeuw

opice

aap

plameňák

flamingo

papoušek

papegaai

lední medvěd

ijsbeer

tučňák

pinguïn

žralok

haai

páv

pauw

had

slang

krokodýl

krokodil

ošetřovatel zvířat

dierenverzorger

tuleň

zeehond

jaguár

jaguar

poník
pony

leopard
luipaard

hroch
nijlpaard

žirafa
giraffe

orel
adelaar

divoké prase
wild zwijn

ryby
vis

želva
schildpad

mrož
walrus

liška
vos

gazela
gazelle

americký fotbal
American football

cyklistika
wielrennen

tenis
tennis

košíková
basketbal

plavání
zwemmen

box
boksen

lední hokej
ijshockey

kopaná
voetbal

badminton
badminton

lehká atletika
atletiek

házená
handbal

běh na lyžích
skiën

vodní pólo
polo

aktivity
activiteiten

smát se
lachen
skočit
springen
objímat
knuffelen
jít
lopen
zpívat
zingen
snít
dromen
modlit se
bidden
políbit
kussen

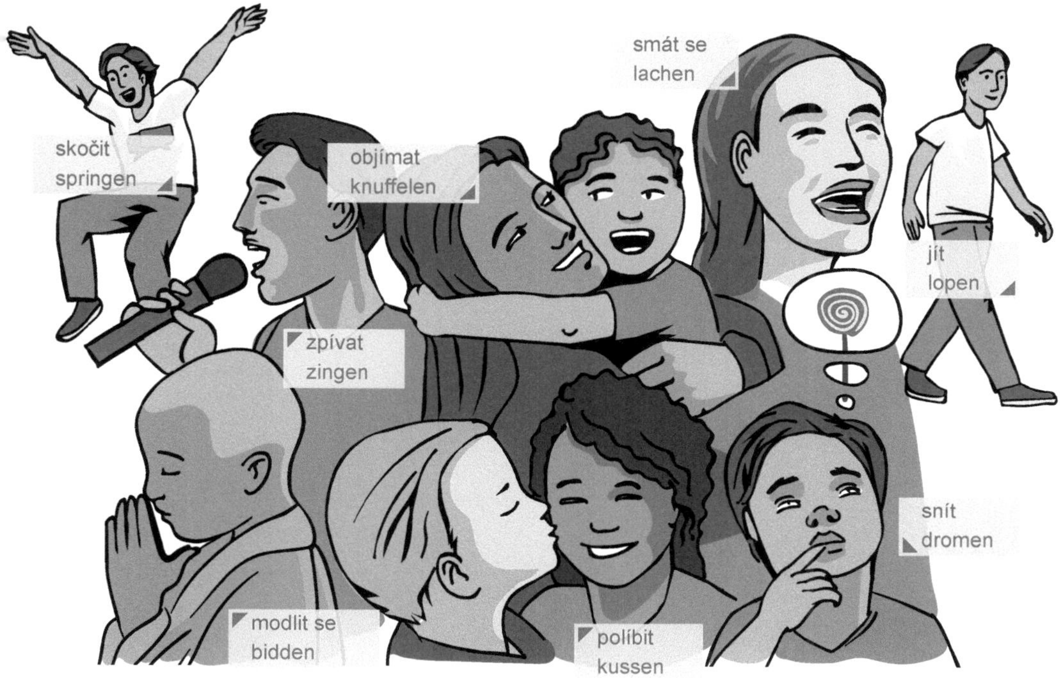

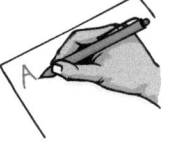

psát

schrijven

kreslit

tekenen

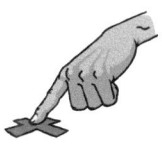

ukazovat

tonen

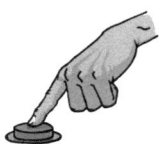

tlačit

duwen

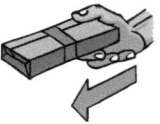

dát

geven

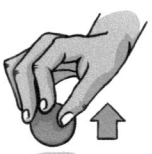

vzít si

oppakken

mít
....
hebben

dělat
....
doen

být
....
zijn

stát
....
staan

běhat
....
rennen

táhnout
....
trekken

hodit
....
gooien

padat
....
vallen

ležet
....
liggen

čekat
....
wachten

nosit
....
dragen

sedět
....
zitten

oblékat
....
aankleden

spát
....
slapen

vzbudit se
....
wakker worden

prohlédnout si

bekijken

plakat

huilen

pohladit

strelen

česat

kammen

hovořit

praten

rozumět

begrijpen

ptát se

vragen

slyšet

horen

pít

drinken

jíst

eten

uklidit

opruimen

milovat

houden van

vařit

koken

jet

rijden

letět

vliegen

plachtit
....
zeilen

počítat
....
rekenen

číst
....
lezen

učit se
....
leren

pracovat
....
werken

vzít si
....
trouwen

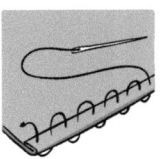

šít
....
naaien

čistit si zuby
....
tandenpoetsen

zabít
....
doden

kouřit
....
roken

poslat
....
verzenden

rodina
familie

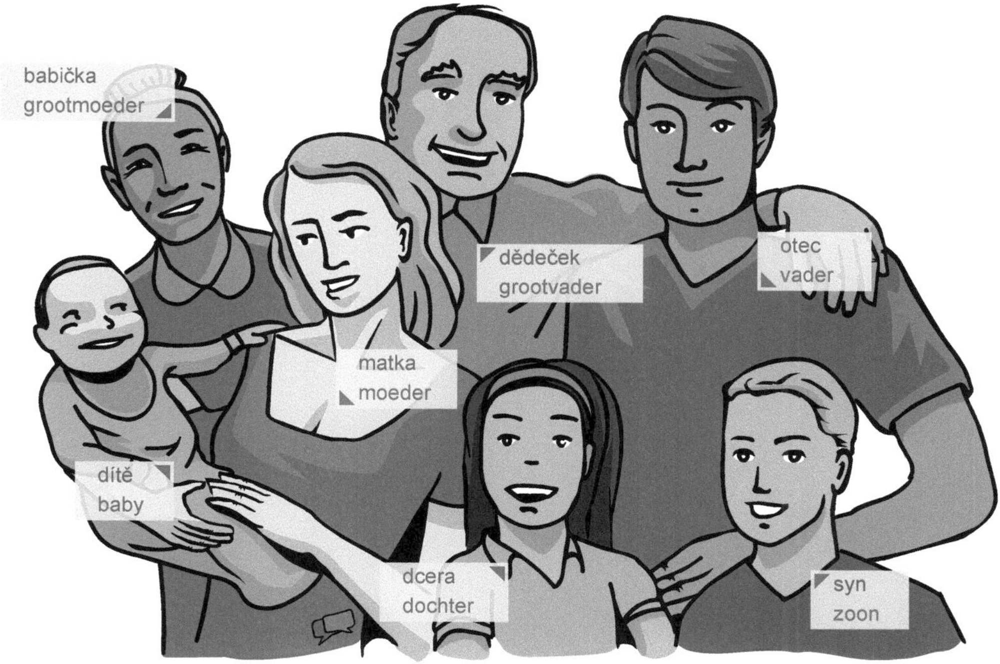
babička
grootmoeder
dědeček
grootvader
otec
vader
matka
moeder
dítě
baby
dcera
dochter
syn
zoon

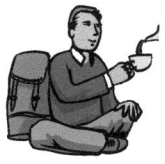

host
gast

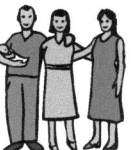

teta
tante

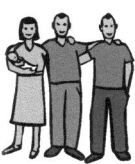

strýc
oom

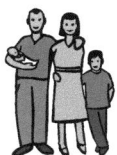

bratr
broer

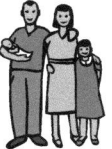

sestra
zus

tělo

lichaam

čelo
voorhoofd
oko
oog
rameno
schouder
prst
vinger
obličej
gezicht
brada
kin
ruka
hand
dolní končetina
been
hruď
borst
paže
arm

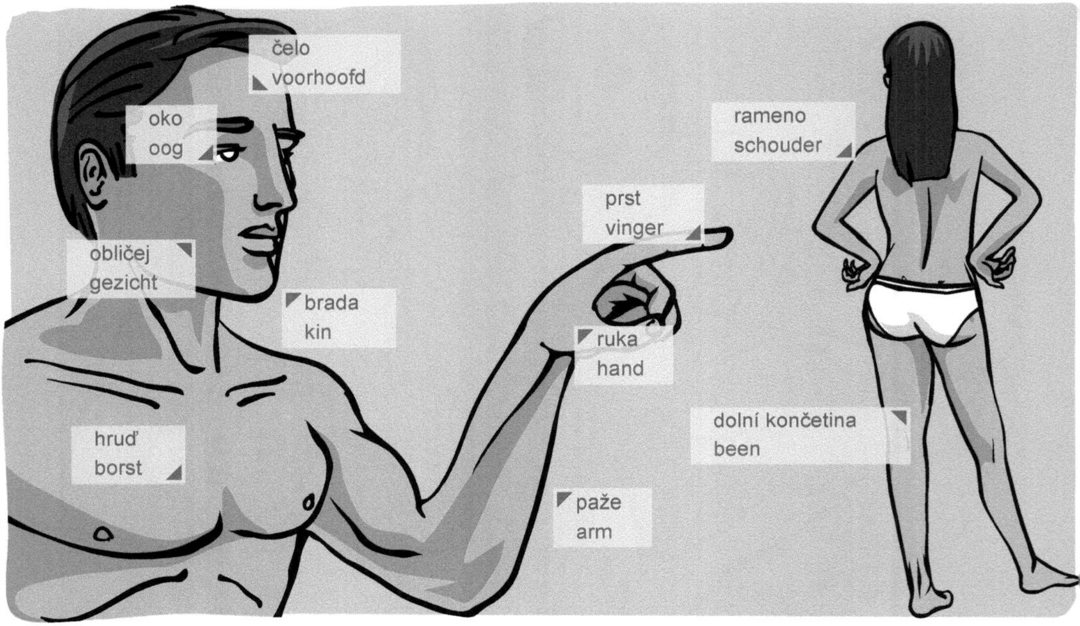

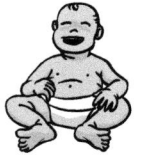

dítě

baby

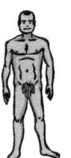

muž

man

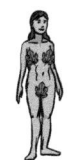

žena

vrouw

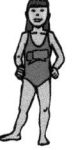

dívka

meisje

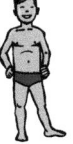

chlapec

jongen

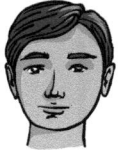

hlava

hoofd

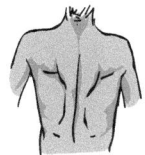

záda
rug

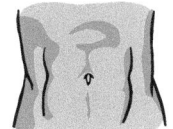

břicho
buik

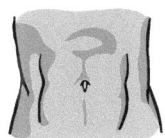

pupík
navel

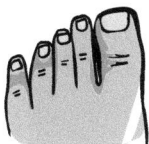

prst na noze
teen

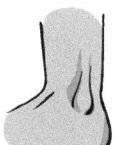

pata
hiel

kost
bot

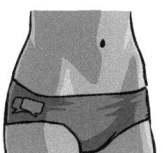

bok
heup

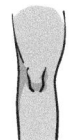

koleno
knie

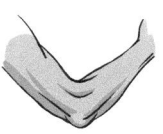

loket
elleboog

nos
neus

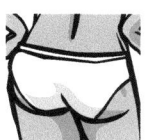

zadek
achterwerk

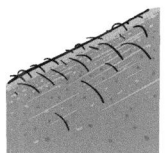

kůže
huid

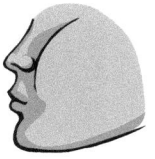

tvář
wang

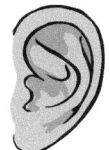

ucho
oor

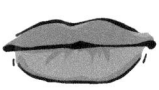

ret
lippen

ústa
mond

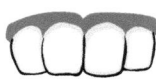

zub
tand

jazyk
tong

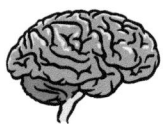

mozek
hersenen

srdce
hart

sval
spier

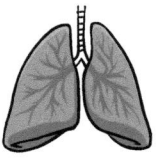

plíce
long

játra
lever

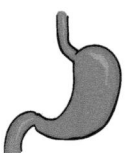

žaludek
maag

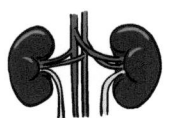

ledviny
nieren

pohlavní styk
geslachtsgemeenschap

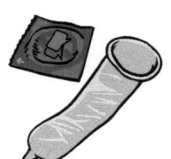

kondom
condoom

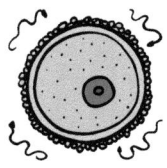

vajíčko
eicel

sperma
sperma

těhotenství
zwangerschap

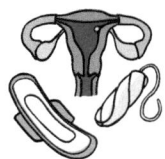

menstruace

menstruatie

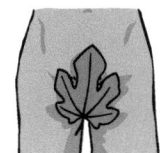

vagina

vagina

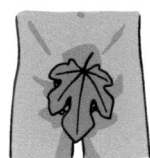

penis

penis

obočí

wenkbrauw

vlasy

haar

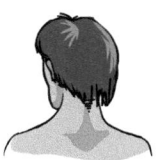

krk

hals

nemocnice
ziekenhuis

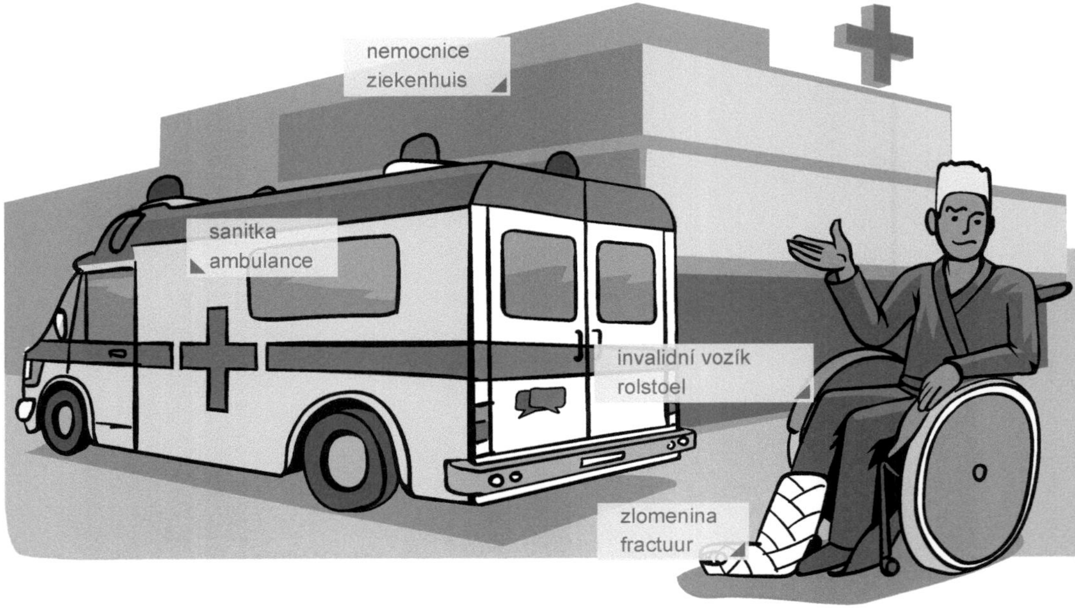

nemocnice
ziekenhuis
sanitka
ambulance
invalidní vozík
rolstoel
zlomenina
fractuur

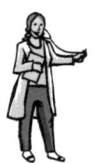

lékař

dokter

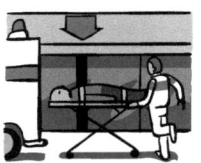

pohotovost

EHBO

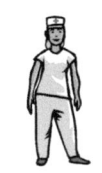

zdravotní sestra

verpleegster

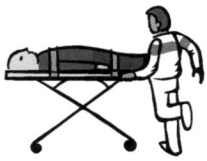

urgentní případ

noodgeval

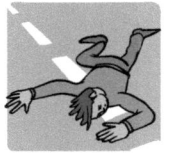

v bezvědomí

bewusteloos

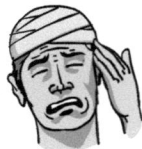

bolest

pijn

úraz
verwonding

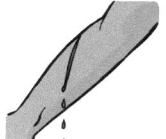

krvácení
bloeding

infarkt myokardu
hartaanval

cévní mozková příhoda
beroerte

alergie
allergie

kašel
hoest

horečka
koorts

chřipka
griep

průjem
diarree

bolest hlavy
hoofdpijn

rakovina
kanker

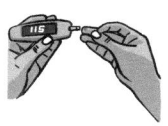

cukrovka
diabetes

chirurg
chirurg

skalpel
scalpel

operace
operatie

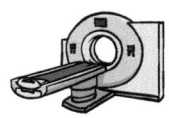

CT
CT

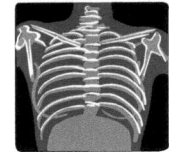

rentgen
röntgen

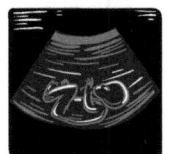

ultrazvuk
echografie

maska
gezichtsmasker

nemoc
ziekte

čekárna
wachtkamer

berle
kruk

náplast
pleister

obvaz
verband

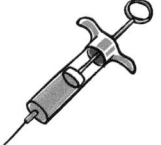

injekce
injectie

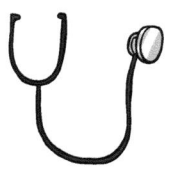

stetoskop
stethoscoop

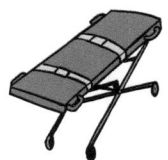

nosítka
brancard

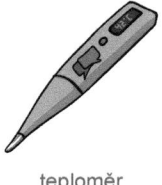

teploměr
thermometer

porod
geboorte

nadváha
overgewicht

naslouchátko

gehoorapparaat

dezinfekční prostředek

ontsmettingsmiddel

infekce

infectie

virus

virus

HIV / AIDS

HIV / AIDS

lékařství

medicijn

očkování

inenting

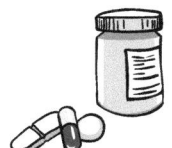

tablety

tabletten

pilulka

pil

tísňové volání

alarmnummer

tonometr

bloeddrukmeter

nemocný / zdravý

ziek / gezond

Pomoc!

Help!

poplach

alarm

přepadení

overval

napadení

aanval

nebezpečí

gevaar

nouzový východ

nooduitgang

Hoří!

Brand!

hasicí přístroj

brandblusser

nehoda

ongeluk

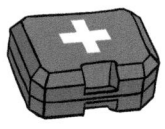

zdravotnická brašna

EHBO-koffer

SOS

SOS

policie

politie

Evropa

Europa

Severní Amerika

Noord-Amerika

Jižní Amerika

Zuid-Amerika

Afrika

Afrika

Asie

Azië

Austrálie

Australië

Atlantik

Atlantische Oceaan

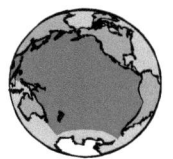

Pacifik

Stille Oceaan

Indický oceán

Indische Oceaan

Jižní ledový oceán

Zuidelijke Oceaan

Severní ledový oceán

Noordelijke IJszee

severní pól

Noordpool

jižní pól
Zuidpool

Antarktida
Antarctica

země
aarde

pevnina
land

moře
zee

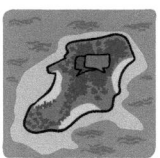

ostrov
eiland

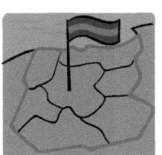

národ
natie

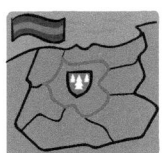

stát
staat

ciferník

wijzerplaat

hodinová ručička

uurwijzer

minutová ručička

minutenwijzer

vteřinová ručička

secondewijzer

Kolik je hodin?

Hoe laat is het?

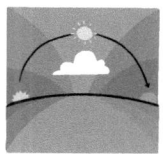

den

dag

čas

tijd

teď

nu

digitální hodinky

digitaal horloge

minuta

minuut

hodina

uur

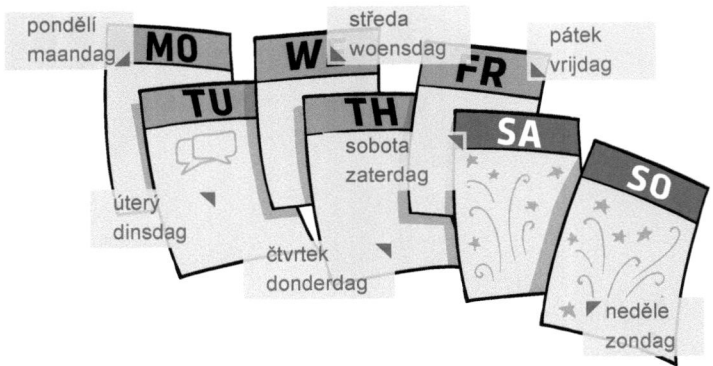

pondělí
maandag

středa
woensdag

pátek
vrijdag

úterý
dinsdag

čtvrtek
donderdag

sobota
zaterdag

neděle
zondag

včera
gisteren

dnes
vandaag

zítra
morgen

ráno
ochtend

poledne
middag

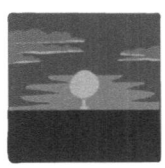

večer
avond

MO	TU	WE	TH	FR	SA	SU
1	2	3	4	5	6	7
8	9	10	11	12	13	14
15	16	17	18	19	20	21
22	23	24	25	26	27	28
29	30	31	1	2	3	4

pracovní dny
werkdagen

MO	TU	WE	TH	FR	SA	SU
1	2	3	4	5	6	7
8	9	10	11	12	13	14
15	16	17	18	19	20	21
22	23	24	25	26	27	28
29	30	31	1	2	3	4

víkend
weekend

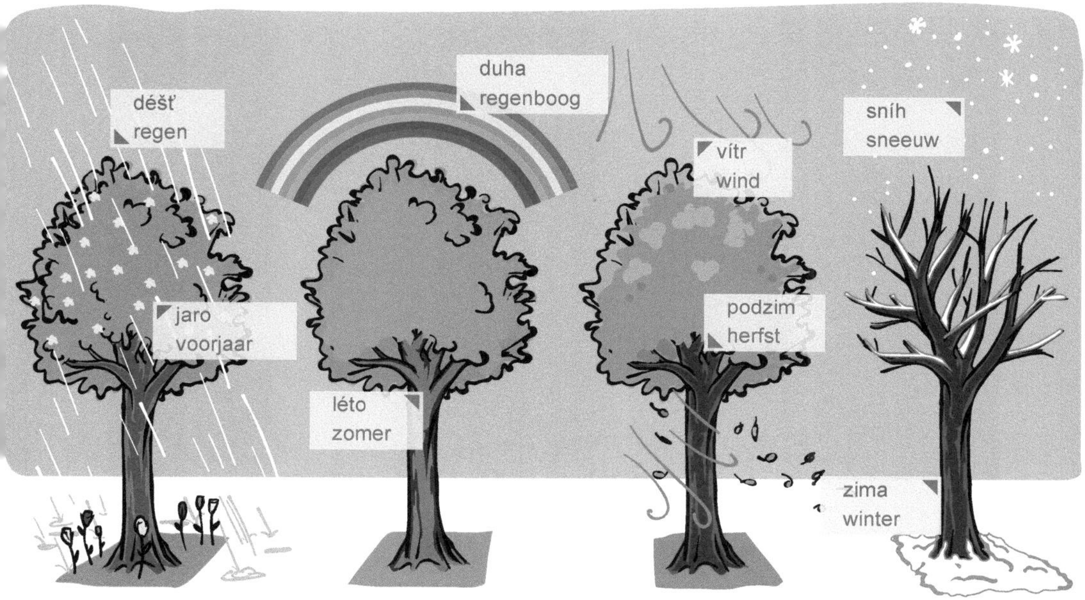

déšť
regen

duha
regenboog

vítr
wind

sníh
sneeuw

jaro
voorjaar

podzim
herfst

léto
zomer

zima
winter

4.APRIL	11°	☀
5.APRIL	4°	⛅
6.APRIL	13°	⛈
7.APRIL	8°	❄
8.APRIL	10°	☀

předpověď počasí

weerbericht

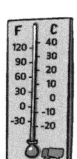

teploměr

thermometer

sluneční svit

zonneschijn

mrak

wolk

mlha

mist

vlhkost

luchtvochtigheid

blesk

bliksem

hrom

donder

bouřka

storm

kroupy

hagel

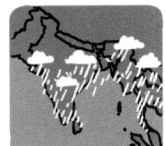

monzun

moesson

povodeň

overstroming

led

ijs

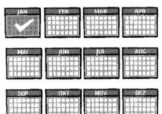

leden

januari

únor

februari

březen

maart

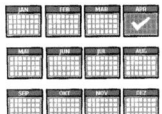

duben

april

květen

mei

červen

juni

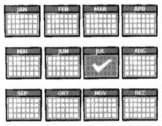

červenec

juli

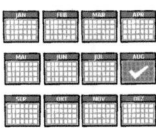

srpen

augustus

rok - jaar

září
....
september

říjen
....
oktober

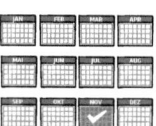

listopad
....
november

prosinec
....
december

tvary

vormen

kruh
....
cirkel

čtverec
....
vierkant

obdélník
....
rechthoek

trojúhelník
....
driehoek

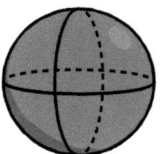

koule
....
bol

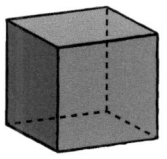

krychle
....
kubus

bílá
....
wit

žlutá
....
geel

oranžová
oranje

růžová
....
roze

červená
rood

fialová
....
paars

modrá
....
blauw

zelená
....
groen

hnědá
....
bruin

šedá
....
grijs

černá
....
zwart

hodně / málo

veel / weinig

rozzuřený / mírumilovný

boos / rustig

krásný / ošklivý

mooi / lelijk

začátek / konec

begin / einde

velký / malý

groot / klein

světlý / tmavý

licht / donker

bratr / sestra

broer / zus

čistý / špinavý

schoon / vies

úplný / neúplný

volledig / onvolledig

den / noc

dag/ nacht

mrtvý / živý

dood / levend

široký / úzký

breed / smal

jedlý / nejedlý

eetbaar / oneetbaar

zlý / hodný

gemeen / aardig

vzrušený / znuděný

opgewonden / verveeld

tlustý / hubený

dik / dun

nejdříve / naposledy

eerste / laatste

přítel / nepřítel

vriend / vijand

plný / prázdný

vol / leeg

tvrdý / měkký

hard / zacht

těžký / lehký

zwaar / licht

hlad / žízeň

honger / dorst

nemocný / zdravý

ziek / gezond

ilegální / legální

illegaal / legaal

inteligentní / hloupý

intelligent / dom

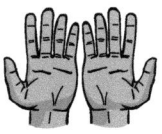

vlevo / vpravo

links / rechts

blízko / daleko

dichtbij / ver

nový / použitý

nieuw / gebruikt

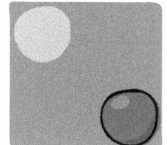

nic / něco

niets / iets

starý / mladý

oud / jong

zapnutý / vypnutý

aan / uit

otevřeno / zavřeno

open / gesloten

tichý / hlasitý

zacht / luid

bohatý / chudý

rijk / arm

správný / špatný

goed / fout

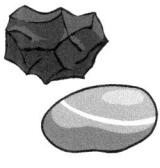

drsný / hladký

ruw / glad

smutný / šťastný

verdrietig / gelukkig

krátký / dlouhý

kort / lang

pomalý / rychlý

langzaam / snel

vlhký / suchý

nat / droog

teplý / chladný

warm / koel

válka / mír

oorlog / vrede

0

nula
nul

1

jedna
één

2

dva
twee

3

tři
drie

4

čtyři
vier

5

pět
vijf

6

šest
zes

7

sedm
zeven

8

osm
acht

9

devět
negen

10

deset
tien

11

jedenáct
elf

12

dvanáct

twaalf

13

třináct

dertien

14

čtrnáct

veertien

15

patnáct

vijftien

16

šestnáct

zestien

17

sedmnáct

zeventien

18

osmnáct

achttien

19

devatenáct

negentien

20

dvacet

twintig

100

sto

honderd

1.000

tisíc

duizend

1.000.000

milion

miljoen

angličtina

Engels

americká angličtina

Amerikaans Engels

standardní čínština

Chinees Mandarijn

hindština

Hindi

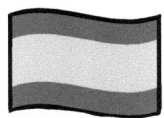

španělština

Spaans

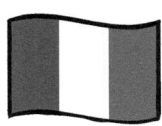

francouzština

Frans

arabština

Arabisch

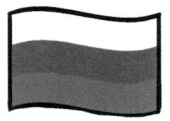

ruština

Russisch

portugalština

Portugees

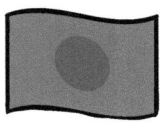

bengálština

Bengalees

němčina

Duits

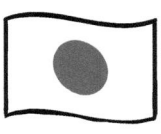

japonština

Japans

já
ik

ty
jij

on / ona / ono
hij / zij / het

my
wij

vy
jullie

oni
zij

Kdo?
wie?

Co?
wat?

Jak?
hoe?

Kde?
waar?

Kdy?
wanneer?

jméno
naam

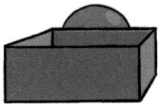

za
achter

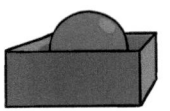

do
in

z
voor

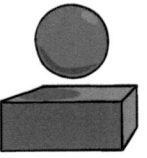

nad
boven

na
op

mezi
onder

vedle
naast

mezi
tussen

místo
plaats